A. B. C.
pour le
CLAVECIN ou FORTE PIANO.
Dedié à Mademoiselle
S: de PREHN.
& Composé par
J: G: NICOLAI.
Organiste de l'Eglise Cathedrale
A ZWOL
Chez l'Auteur & aux Adresses Ordinaires.
Vm b. 4738 (1)

AVIS

Chaque pays a ses usages dans la Musique, et chaque maitre a sa methode particu-liere; voici la mienne, que j'ai exposée plus au long dans cet A.B.C de Musique. Dans la premiere partie on passera des pieces les plus faciles à celles qui le sont moins, et on trouvera partout ~~la position des mains necessaire~~ La seconde contiendra 24 Sonates faciles sur les 24 tons. Ce n'est point une vaine gloire mais le desir d'etre utile qui m'engage de publier cet ouvrage elementaire. Je l'offre au public pour servir de guide à la jeunesse tout aussi bien que pour me prêter aux besoins du ~~cultivateur solitaire~~ privé d'autres secours. Les maitres d'art ~~eux-mêmes y trouveront~~ une methode aisée, qui leur pour-ra servir de modele, et qui facilitera ~~leurs~~ peines. Je crois avoir detaillé tout ce qui concerne l'art de cet instrument, et je n'ai rien perdu de vue de ce que les progrès de cet Art ~~dans ce siecle~~ pourront exiger. — — — Je pourrois envisager cet ouvrage comme unique dans son genre, je suis pourtant bien loin de croire qu'il soit achevé et porté au plus haut degré de perfection; j'espere que des personnes qui s'y connoissent, et dont je respecterai toujours les lumieres, travailleront à lui donner plus de clarté et plus de relief.

Je ne veux point me soustraire à la critique, mais elle ne me tendra point de pièges. Je recevrai avec plaisir les avis des habiles gens, et leur approbation jointe à l'ap-plaudissement d'un public eclairé, et à la douce persuasion d'avoir été utile à la jeunesse sera la meilleure recompense de mes peines.

A.B.C de CLAVECIN

COMMENCEMENT

Selon ma Methode d'enseigner mes disciples je commence d'abord, à la premiere Leçon par partager les touches en deux parties, dont l'une (pour la main droite) commence depuis C: jusqu'à F en haut, et l'autre (pour la main gauche) commence au même C jusqu'à F en bas. Et pour apprendre aux Enfants, à connoitre vîte et tres aisement toutes les touches, je me sers de la Methode suivante.

C: est devant les deux Semitons. D: se trouve entre deux. E: les suit immediatement. F: est devant les trois Semitons. G: entre les deux premiers de ces trois. A: est entre les deux derniers de ces mêmes trois Semitons, et B: les suit d'abord.

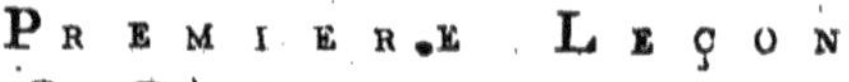

PREMIERE LEÇON

Les Touches pour la main droite.

l'une octave (h) 2 (h) (h) (h)

c d e f g a b c | c d e f g a b c | c d e f e d c | c b a g f e d c | c b a g f e d c

la moyenne la 1re octave

Les Touches pour la main gauche.

c b a g f e d c | c b a g f e d c | c b a g f g a b c | c d e f g a b c | c d e f g a b c

(h) (h) (h) (h) (h) (h)

la premiere Sousoctave la 2de Sousoctave

Dés qu'ils connoissent bien les touches, je leur explique, qu'il y a cinq lig,, nes pour chaque main, dont celles pour la main droite sont marquées par la Clef (indiquée dans la seconde leçon.) Il faut que le maitre fasse chercher aux discipels les cinq lignes sur les Touches premierement pour la main droite.

SECONDE LEÇON

la Clef de Violon pour la main droite

Les 5 lignes — Les notes entre les lign — au dessus des lignes — en bas des lignes

e g b d f (h) — f a c e — a c e g — c a — g a b c d e f g (h) — d c b a g (h)

La Clef pour la main gauche — on ajoute encore des lignes extraordinaires

g b d f a (h) — a c e g — c e g — e c a f (h) — b c d e f g — f e d c b a g f

Les 5 Lignes — entre les lignes — extraordinaires

Ou de cette maniere.

sol la si ut re mi fa sol la si ut re mi fa sol la si ut re mi fa sol (h)

Pendant la leçon, je varie en m'appliquant à leur enseigner tantot les notes sur les lignes tantot l'Echelle qui suit. Il faut que les doigts se courbent à proportion de la distance des touches que l'on doit prendre. On doit aussi prendre garde, que le Pouce ne soit pas trop separé des autres doigts, et qu'ainsi il ne s'accoutume à une pente perpendiculaire, et ne passe le bord des Touches

Pour la main droite.
Pour la main gauche

Si je suis convaincu, que le Disciple connoit bien toutes les notes, et les sait trouver sur les touches pour la main droite, je commence à lui montrer les notes de la même maniere, pour la main gauche. Aprés cela, j'explique en son tems, et à mesure que le Disciple y parvint, les Choses suivantes, savoir les Valeurs des Notes, les Pauses, et les mésures, aprés, les Clefs et leur position, le Ton, le Lieu, ou la Position de chaque Note; aussi faut il faire attention que les doigts (tout comme en balance) restent posés sur les touches, jusqu'à ce que l'on en touche d'autres. On peut aisement pré„ server les Enfans d'une main collante; Cependant il faut qu'avec tout le soin, et autant qu'il est possible, ils evitent de lever la Main; car ce mouvement ne convient qu'aux doigts seuls; Et pour que le Disciple ne se trouve pas géné dans l'attitude de ses bras et de ses mains, il faut qu'il ne soit assis ni trop haut ni trop bas, mais de façon que par la pente du bras les doigts soyent plus bas que le Coude; et pour pouvoir aisement joindre les mains, il doit être placé environ deux travers de mains du Clavecin

6
Valeur des Notes
Ronde est égale
à deux Planches
à 4 Noires
à 8 Crôches
à 16 doubles Crôches
32 Triples crôches
Triples
Trait d'abreviation
Pause
Demi pause
Soupir
Demi Soup.
Quart de Soupir
demi quart de Soupir
Silence de 2
de 4 me
alabreve
Allegro
Les Clefs
de Violon
de Basse
le Dessus
la haute contre
Basse contre
G E F F
ceux ci sont hors d'usage
Fait élever d'un Semiton
fait abaisser d'un Semiton
le Be quarré efface le dièse et le b qui a precede
fait élever deux semiton
fait abaisser deux semiton

Le point augmente la note de la moitie de sa Valeur
Valeur de petites notes ou ports de voix
Doubles
Triples
Triples
Syncope

Il faut que la petite note se joigne en trainant à la note suivante. On l'appelle autrement Port-de-Voix ou Note de Goût, soit en montant, soit en descendant, qui ne se compte pas dans la mesure, mais se prend sur la durée de la note qui la précède ou celle qui la suit.

Le port de Voix est ici le port de voix de la le point ici donne 2 tiers à la petite note

Reprise

Nuance du fort et doux

de la valeur d'une croche valeur d'une double croche ici la valeur d'une de 4 notes

l'effet

Nuance diminuant le son

l'effet

Demi Reprise

Nu: augmentant le Son

Sans Reprise

Le point d'orgue

bis

l'effet

Point Final

1 2

Dal Segno au commencement

Echelle des deux modes sur la même Tonique avec les [illegible] (✱) et les Bémols (♭) dont la Clef est ordinairement accompagnée [illegible]

	Mode Majeur				Mode Mineur	
	o	0	C	3	♭♭♭	
	✱	1	G	2	♭♭	
	✱✱	2	D	1	♭	
	✱✱✱	3	A	o	o	
	✱✱✱✱	4	E	1	✱	
	✱✱✱✱✱	5	B ♮	2	✱✱	
✱	✱✱✱✱✱✱	6	F ✱	3	✱✱✱	
✱	✱✱✱✱✱✱✱	7	C ✱	4	✱✱✱✱	
	♭♭♭♭	4	A ♭	7	♭♭♭♭♭♭♭	✱
	♭♭♭	3	E ♭	6	♭♭♭♭♭♭	✱
	♭♭	2	B ♭	5	♭♭♭♭♭	
	♭	1	F	4	♭♭♭♭	

Ceux qui sont marqués d'une étoile ne sont guères usités que comme relatifs dans le courant d'une Pièce.

Les Effets des Signes apliqués à des Exemples.

Une chiquenaude

le petit Mordant

d'en bas

d'en haut

Tremblement bricole

l'Effet

le contraire d'un tremblement

un double
coup
Tremblement
Tremblant sur
un manicordium
l'effet avec un
doigt
sur un Clavecin
ou forte piano
Ribattuta

DES MOUVEMENTS

Il-y-a cinq Modifications principales de Mouvement, qui dans l'ordre du lent au vite s'expriment par les mots qui suivent.

LARGO. *Lent.*
ADAGIO. *Posement.*
ANDANTE. *Moderé.*
ALLEGRO. *Gai.*
PRESTO. *Vite.*

ASSAI. DI MOLTO. PIU.	*Fort.*	*Pour marquer qu'il faut augmenter la force de leur signification*
		par Contre
POCO. NON MOLTO. NON TROPPO. MENO.	*Un peu.*	*indiquent, qu'il la faut diminuer.*

LES MOTS USITÉS DES MOUVEMENTS.

ALLA BREVE.	*Fort vite.*	**MAESTOSO.**	*Majestueux et gai.*
ALLEGRETTO.	*un peu gaiment.*	**PRESTISSIMO.**	*tres vite.*
AMOROSO.	*Tendrement.*	**RALLENTADO.**	*Languissant.*
ANDANTINO.	*Gracieusement.*	**SCHERZANDO.**	*Sautillant.*
AFFETTUOSO.	*Affectueusement.*	**SOSTINUDO.**	*Soutenu.*
CON PORTAMENTO.	*Pompeux.*	**SPICCATO.**	*Coupé, approchant de l'Allegro.*
LENTO.	*Entreposement et moderé.*	**VIVACE.**	*Hardiment.*
FLEBILE	*Lamentable.*	**CANTABILE**	*Chantable.*

COMMODO. *Commodement.*
CON ANIMO. *Passionné.*
CON BRIO. *Legèrement.*
CON MOTO. *un peu Vif et animé.*
GAIO. *Gai sans être vite.*
SPIRITOSO. *Saillant moins que presto.*

GRAVE. *Pathétique.*
GRAZIOSO. *Tendrement.*
LARGHETTO. *moins lent que Largo.*
RISOLUTO. *Vif, Resolu.*
SCIOLTO. *Delié.*
A TEMPO E BATTUTA. *en Mesure.*

TEMPO DI PRIMO. *marque, qu'on doit là reprendre le premier mouvement, qu'on avoit quitté dans le Courant de la Piece.*

MODERATO. *annonce que la mesure et les mouvements sans avoir rien outré, doivent demeurer dans une sage mediocrité, de lenteur ou de vitesse, selon ces differens Caractères qu'il faut exprimer.*

ARIOSO. *Designe un Mouvement Soutenu, développé et affectionné aux grands airs*

Le terme de Nuance du fort et doux j'emploie ici figurement pour exprimer la manière plus forte ou plus douce de tirer les sons de l'Instrument, de les renforcer, les radoucir, les menager et les modifier avec tout le gout et l'art possible. On tache d'indiquer le moment et le Degré de ces Nuances par les signes suivans

Crescendo. rinforzando.
l'Opposé du crescendo.
Diminuendo mancando.
Perdendosi smorzando.

F. *fe. ou For. Fort ou à plein jeu.*
ff. fmo. fortissimo. Tres fort.
Dolce, Doucement; on ecrit quelques fois D
Sotto Voce: plus que doux ou piano.
Piano doux pp. trés doux. pianissimo.

L'Application des Deux mains.
La main droite
C
Gauche
G
Les mêmes doigts
F
Les mêmes
A
Les mêmes
E
Les mêmes
B
(H)

La main droite
F
La main gauche comme le ton C
B
Eb
Ab
La main gauche comme le ton Eb
Db
La main gauche comme le ton Eb
G

16
Mineur
Comme le ton C.
A
La même position
E♮
La meme
H
B♮
F♯
C♯
G♯
Comme le ton E♭

A
E
La même position
H
B
F♯
C♯
G♯

Echelle Diatonique Cromatique & Enharmonique.

Ordinairement c'est par la derniere Note de la Basse, qu'on sçait, dans quel Ton une Piece est composée.

Comme je sçais par experience que la jeunesse se brouille bien souvent au commencement dans les notes de deux mains; je donne ici à mes disciples un Exemple, par où ils apprendront premierement à chercher avec la main droite, seulement les notes sur les cinq lignes principales; ensuite si je suis sûr, qu'ils ne se brouillent plus, je leur donne un autre Exemple pour qu'ils apprennent la même chose de la main gauche. v: la reponse pag. 23

TROISIEME LEÇON

Au Commencement d'une Pièce on doit toujours entonner l'Accord.
Innocence.
IV. LEÇON.
à 4 noires contre une Ronde.
Lyrique
V. LEÇON.
à 4 noires contre deux Blanches
après cette la réponse pag. 30

C
Ballet 4 noires contre 4 noires. VI LEÇON
C
Menuet. VII. LEÇON
Il y a encore plusieurs Exemples du ton C dans le Supplement à la page 36e et 37e

Pastorale
VIII LECON
D.C.
D.C.
D.C.
Chanson
IX LECON

Le Supplément du ton G est à la page 47

Chanson Andante XII. LEÇON
Menuet
XIII. LEÇON
D.C.

F.
Allegro.
XIV. LEÇON
Fin.
D.C.
Moderato
XV. LEÇON
Fin
D.C.
D.C.
Supplement de F. page 54

D. Allemande.
XVI. LEÇON.
Fin.
D.C.
D.C.
Angloise.
XVII. LEÇON.

Chanson Andante.
XVIII. LEÇON
Menuet
XIX. LEÇON
Le Suplément au D p: 60

B
Menuet
XX. Lecon
Chanson
XXI. Lecon

G Mineur. Andante expressivo
XXII. LEÇON
XXIII. LEÇON
Allemande.
Supplem. p. 67.

A
Largo Chanson
XXIV. LEÇON
A
Chanson
XXV. LEÇON

31
XXVI. LEÇON
A
Menuet
Mineur
Men. Da Capo
Suppl: p. 72

Pantomime Andante

XXVII. LEÇON

p f

bis

p f p

Chanson Andante

XXVIII. LEÇON

XXIX. LEÇON

Le Supplé p. 77

Innocence

XXX. LEÇON

Ballet

XXXI. LEÇON

D.C.

XXXII. LEÇON.

Marche.

Le Supplément au ton E p. 82

36
Supplement au Ton C
No. 1. Innocance
Fin
DA CAPO
No. 2 Chanson
Fin
DA CAPO

N° 3 Reponse C Remarques sur les 3 lignes pour la main gauche
N° 4 Lyrique

N° 5 Chanson C
N° 6 Marche C

Nº 7. L'Appel. C.
Nº 8. Allegro. C.

Nº 9 Retraite. Marche
Nº 10 Menuet

No. 11. Retraite. C
No. 12 Presto. C

No. 13 *Angloise* C

Fin

D.C.

No. 14 *Ballet* C

f

Nº 15 Polonoise C
p
f
p
f
tr
bis

No. 16
Presto Suaboise.

G. No. 1 Menuet Supplement au Ton G
45
G. No. 2 Chanson allegro.

G. N°. 3. Menuet
G N° 4 Andante Chanson

G. N.º 5. *Andante* Chanson

G. N.º 6. Chanson

No. 7. Menuet

Mineur

Majeur D. C.

G. N°. 8. Allegro
G N°. 9 Presto finale
Fin
D. C.

G
N° 10 Presto Suaboise
N° 11
Polonoise pour la main gauche

N° 12. Allegro
Fin
D.C.
D.C.

52
No. 1 Angloise
Suplement au Ton F
No. 2 Marche pour la Cavalerie

Nº 3. Ballet

fp fp fp

Nº 4. Suaboise

Fin

f fp fp fp

D.C.

No. 5 *Marche*

No 6 *Andante*

N° 7. *Angloise*

Fin

D.C.

N° 8. *Menuet*

Trio

Menuet D.C.

No 9. Menuet
No 10 Allegro finale Rondo

Fin
D.C.
D.C.
arpeggio

N°. 1 Chanson Suplément au Ton D.

N°. 2 Chanson

Nº 3 Angloise

5 1 2 1 2 1 2 1 5

D.C.

Nº 4 Suaboise

Da Capo

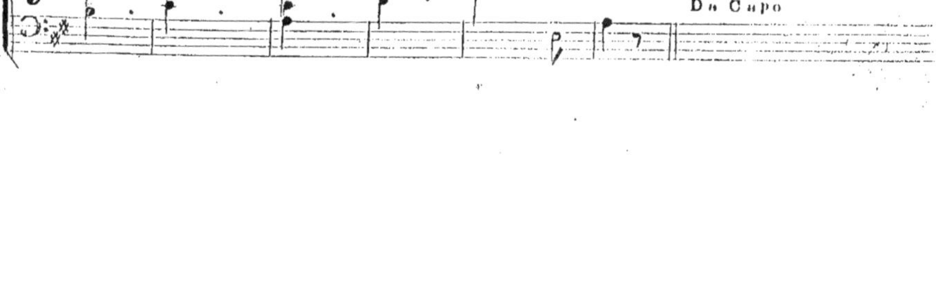

No 5
Menuet
No 6
Suaboise
Fin
Da Capo

N°7 *Marche*

cres.

Nº 8
Polonoise

N° 9 Allemande

66
N° 10 Men.
Mineur
bis
D.C.

Supplément au Ton B.
67
No. 1 Allegro
No. 2 Angloise
D.C.

Nº 3 Menuet
Mineur
Majeur D.C.
Nº 4 Angloise

Nº 5 Marche

Nº 6 Angloise

p f p f p

No. 7. Angloise
No. 8. Menuet
Mineur
4 3 2 1 3
2 1 2 3 4 5

Majeur Da Capo
Nº 9. Allegro Finale
Fin
p
Ottava
D.C.

Supplément au Ton A.

No 1 *Chanson* *moderato*

f

f

No 2 *Courante*

Fin

andante D.C.

No. 3. Marche

p f p p p f f p

N° 4 Menuet

Mineur

Majeur Da Cao

No. 5 Angloise

D.C.

No. 6 Suaboise

No. 7
Polonoise
bis
No. 8 Presto finale

Nº 1. Ballet andante

Nº 2. Menuet

bis 2

D.C.

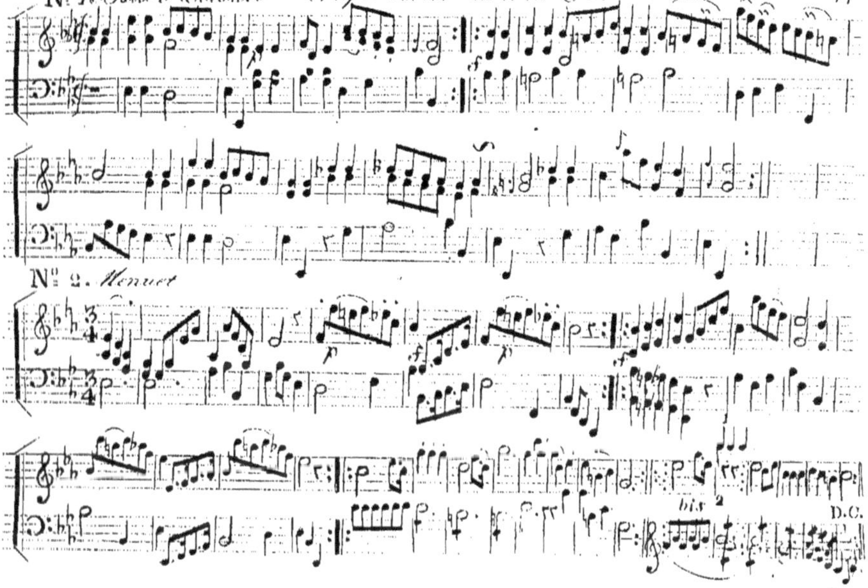

No. 6 Country-dance
Da Capo
No 4 Gavotta

N° 5 Presto Rondo
Dal Segno
Mineur
Majeur. D. C.

N° 6 Menuet

p

f

p

f

Mineur

p

f

Majeur D.C.

N° 7 *Allegro*

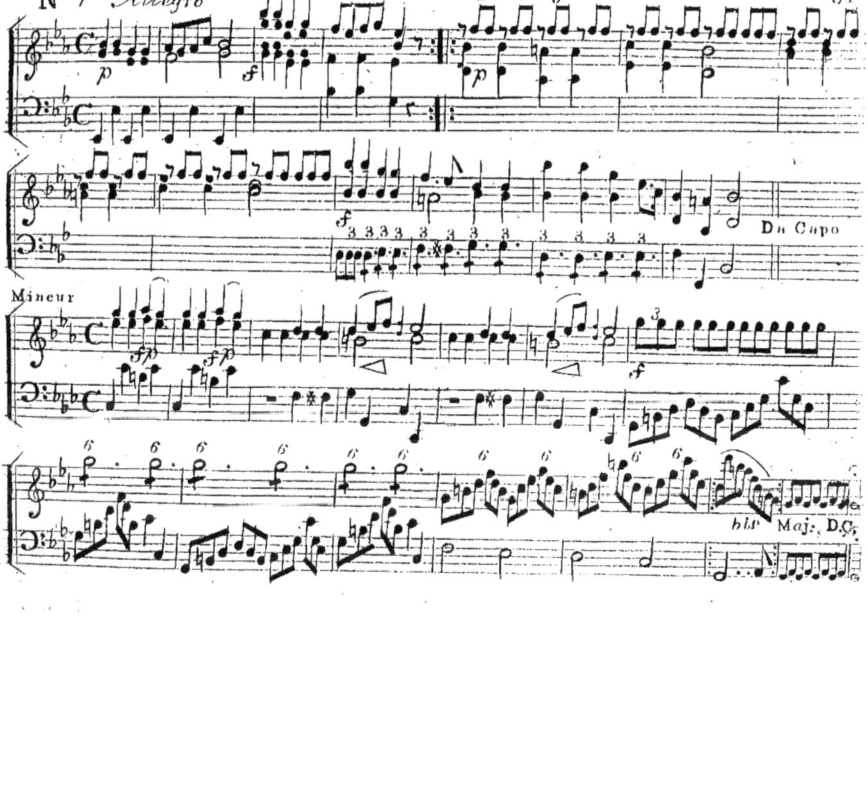

Da Capo

Mineur

Maj: D.C.

N° 1 *Romance Suplement au Ton E*

p f Fin

p f p D.C.

N° 2 *Menuet*

p f

Da Capo

No. 3 *Menuet*

No. 4 *Presto finale*

sp p f p f

FIN

Remarques sur ma Methode.

1.

Il faut que les jeunes Enfants, que j'entreprends d'instruire, ayent du moins l'age de Sept ans, et que leur jugement soit à portée de comprendre ce que je leur explique. Sitôt que je m'apperçois, qu'ils ont du Genie, je leur donne d'abord une heure, ou, selon les circonstances deux demies heures de Leçon par jour. Je tâche de profiter, autant que je puis, de la premiere envie, qu'ils temoignent au commencement; cependant je leur conseille, de ne pas satisfaire cette envie pendant mon absence, parce qu'étant encore trop novices, ils pourroient faute de connoissance ou d'attention, prendre des mauvais plis et des coutumes contre les règles; mais s'ils sont un peu plus avancés, et qu'ils veuillent s'exercer seuls, pour se rendre plus habiles, je ne m'y oppose pas, pourvû que ce soyent des choses, qu'ils sçavent bien.

2.

Dès qu'ils ont eu plusieurs Leçons, et qu'ils connoissent les Notes &c. &c. je leur demande, sur quel Ton la piece est composée. J'ai dit à la page 18, qu'ordinairement on le voit à la derniere Note de la Basse; mais il faut qu'ils m'en rendent compte par les Dièses, ou B. m.

3.

Pour leur preparer l'ouie et leur bien faire sentir la raison des Caractères ✳ et B.m. je les fais entonner l'accord du ton de la piece, avant de la commencer.

4

Pour qu'ils comprennent et sachent me dire, de quelle mésure est la piece, je com„ mence premierement par la main droite, et leur fais remarquer l'endroit, où les Notes sont placées, lesquelles ils doivent entonner sur le Clavecin l'une aprés l'au„ tre, mais dans une égalité lente, pendant que je tâche de les faire entrer et rester en mésure par le moyen de compter, une ou plusieurs fois; ensuite je fais approcher la main gauche, pour qu'ils jouent des deux mains ensemble, mais toujours trés lentement, afin qu'ils ne s'egarent pas.

5

Je divise la Leçon en quatre parties; pendant la premiere je les fais epeller et ar„ ranger les Notes; dans la Seconde je leur montre et explique les Signes et les Carac„ téres, qu'ils ignorent encore (ainsi que je l'ai marqué aux pages 6. 7. 8. 9. 10. &c.) et les fais parcourir le Clavecin des deux mains (comme on voit à la page 4,) les en„ tretenant de quelques anecdotes de plusieurs personnes, qui jouent bien, afin que l'agreable joint à l'utile, les fasse prendre de l'ambition; aprés je reprens encore la lecture et l'arrangement des Notes: enfin s'ils sont deja un peu a„ vancés, j'employe la derniere partie de l'heure à les faire repeter ce qu'ils sçavent a„ fin de les corriger des fautes, qui pourroient leur être restées, manque d'attention.

6.

Je ne les fais rien apprendre par coeur, car dés que je vois, qu'ils ne fixent plus les jeux sur les Notes de la piece, mais qu'ils la jouent, pour ainsi dire, machinalement, je leur en donne une autre; par là ils seront obligés de la regarder, et de méditer sur l'execution Cependant s'il arrive, que par beaucoup d'application et de frequentes repetitions ils parviennent à jouer par coeur, mais correctement, quelques airs, qui sont leur Favoris, et que ces airs soyent bien mésurés, on peut user de quelque Connivence à cet égard, uniquement, pour ne pas amortir leur envie de jouer; et pour les engager par là à acquérir de la souplesse et vitesse dans les doigts; mais cette connivence ne leur doit pas paroitre une permission, d'oser jouer par cœur, puis qu'en leur accordant en cela trop de liberté, ils se désaccoutumeront entièrement à étudier, lire et arranger les notes, de façon, que la moindre application leur coutera une peine infinie, et que, bien loin d'avancer ils oublieront même ce qu'ils avoient appris jusqu'à present. Trop souvent les parents en sont la cause, en voulant trop tôt entendre jouer leurs Enfants.

7

Comme plusieurs personnes le trouveront singulier, quand je dis qu'il ne vaut rien de s'arrêter continuellement sur une même piece, et de ne pas la quitter aussi long tems qu'un disciple ne la joue dans la derniere perfection; je dois le prevenir, que mon sistême est fondé sur l'experience, qui prouve, qu'en tenant un apprentif trop longtems appliqué, toujours sur une même piece, il prend de l'ennui et souvent du degoût dans la Musique, s'embrouillant, au lieu de s'eclaircir, manque de conception et d'adresse pour toutes les requisitions à la fois, qui ne sont pas encore à sa portée. Il ne faut rien précipiter; on ne devient pas maitre tout d'un coup; c'est par degréz qu'on se perfectionne. Pourvû qu'au commencement mes disciples sachent passablement épeller et arranger les Notes, et les toucher du Clavecin, peu à peu ils acquéreront la promtitude dans la lecture, l'habilité des doigts et la justesse des expressions. Donc on ne doit pas s'obstiner, à vouloir d'abord leur apprendre à epeller avec la derniere propreté et d'une maniere trop stricte et trop methodique, car cette façon (ce qu'on ne croiroit pas) il arrive assez souvent, qu'ils deviennent de fort mauvais lecteurs, et par consequent aussi d'inhabiles executeurs. Cependant un Maitre ne doit pas trop se fier aux apparences, et croire, que parceque son Disciple rend bien l'un ou l'autre passage difficile, il y est ferme; pendant que souvent ce n'est qu'un pur hazard, qui le lui a fait attrapper, sans qu'il puisse en donner raison. Je dois aussi remarquer, qu'en ne prenant pas garde à la position ou l'application de ses doigts, il en resulte quelques fois un Contraste assez singulier, sçavoir, que par leur irregularité on le voit rendre des passages très difficiles avec la plus grande aisance, et au contraire se donne bien de la peine à exprimer les plus faciles.

J'ai dit plus haut, que mon disciple doit toujours avoir les yeux fixés sur les Notes, mais bien entendu, il faut, que pour observer cette regle, il soit deja assez au fait à trouver les Touches, vû, qu'au cas contraire ce seroit une dureté que de l'empêcher de cherchera sur le Clavecin en y regardant, s'il se met à méditer et réfléchir (vrai moyen pour bien apprendre) il parviendra à lire et exécuter avec beaucoup de facilité.

Quoique j'ai déja mentionné de la Mesure (à l'article 4me) je crois pouvoir bien ajouter encore, que, pour que mon apprentif en saisisse d'abord l'accent, je commence dans les premières Leçons à le lui marquer en comptant 1.2.3.4. ou 1.2.3. prononçant toujours les premières d'une voix plus forte que les autres. L'expérience nous apprend, que, si par négligence on manque à le bien enseigner aux commençants, il leur faut des années, pour se corriger, et que même beaucoup de personnes y employent inutilement toute leur vie. Afin donc de les préserver de ce défaut, je ne passe pas d'une Mesure ou idée à une autre, qu'après qu'ils en auront bien l'accent, parcequ'elle a une influence sur d'autres Mesures ou idées, et je les y reconduis dans un mouvement aussi lent, qu'il sera possible, mais toujours égal, jusqu'à ce qu'ils en ayent trouvé le véritable sens, je les puis repeter et passer dans un mouvement plus vite, selon ce qui sera marqué à la tête de la Pièce.

Je tâche de leur rendre mes enseignements aussi clairs, que je puis, et pour cet effet je tourne mes explications de différentes manières, pour que, s'ils ne m'entendent pas d'une façon, ils me comprennent de l'autre; je me borne aussi à ne leur enseigner que très peu à la fois, et ce qui est à leur portée, pour ne pas surcharger leur conception et pour prévenir, qu'ils n'oublient une chose en apprenant une autre. Beaucoup de personnes sont assez promptes à décider, qu'un disciple n'a pas de Génie, quand son entendement ne se developpe pas assez vite à leur gré; quant à moi, je suis d'un avis different et j'ose dire, que ceux, qui ont l'intelligence tardive, demandent, il est vrai, plus de temps et de peines, mais aussi retiennent-ils plus longtems ce qu'ils ont une fois compris, au lieu de ceux, qui apprennent trop à la fois et avec beaucoup celerité, l'oublient aussitôt et facilement.

Entre les requisitions indispensables pour bien apprendre la Musique, je remarque trois choses principales:

1.) Un Maitre fidele. 2.) un bon Fortepiano, qui soit bien entretenu en ordre et 3.) d'avoir toujours de la bonne et nouvelle Musique, proportionnée à la capacité du disciple.

Si après ces remarques, les parents sont dans l'intention de faire enseigner leurs Enfants ils ne doivent pas regarder les depenses: mieux vaut il, de ne pas commencer; car il suffit qu'une seule des choses requise manque, pour faire insensiblement passer et eteindre entierement l'envie du disciple, qui par là negligera, et oubliera même ce qu'il avoit appris jusqu'allors. Je crois être obligé de donner cet avis sur un tel retrogradement, car il est rare qu'on l'attribue à sa veritable cause, puisqu'ordinairement on en donne la faute au Disciple, et quelques fois fort injustement au Maitre.

Ce n'est pas pour ceux, qui le sçavent deja, mais pour ceux qui l'ignorent encore, que j'expose mon sentiment sur cette Matiere. Nicolo de Nicolai

Ces feuilles doivent servir, pour y écrire quelques petits Airs ou pour y copier quelques pieces de differents Auteurs, que le Maitre jugera être utiles, pour l'exercice et l'avancement de son Disciple.

Il pleut il pleut Bergere

Gewyde Poëzy

Andante

Hemel Poezy die het Hart kunt raaken Gy maakt my en bly

Gy kunt banden Slaaken Ik verkies uw toon En Des hef Gods Zoon

Op wien d'Englen Slaaren Als mijn kroon en Zoon met mijn

blyde Snaaren

Reize naar Jerusalem!

Andante

O Slavernij! O nagt van Zonden 't Ley vast gebonden
God maakt mij vrij 't Zie 't licht nu rijzen
Wie Stapt mij tegen? Wie Zal de Weege Naar Kanaan
Wij-zen

Aandagt op Hosea 2

's Openbaarde Godsdienst

O bron van mijn leeven Mijn Sophia en Heer Wat hebt gy gegeeven? Wat vordert gy weer? Hoe zal ik u Cruyzen Mildaadige God? Het treurige Wyzen Beklaag ik mijn lot.

De Ydele Waereld

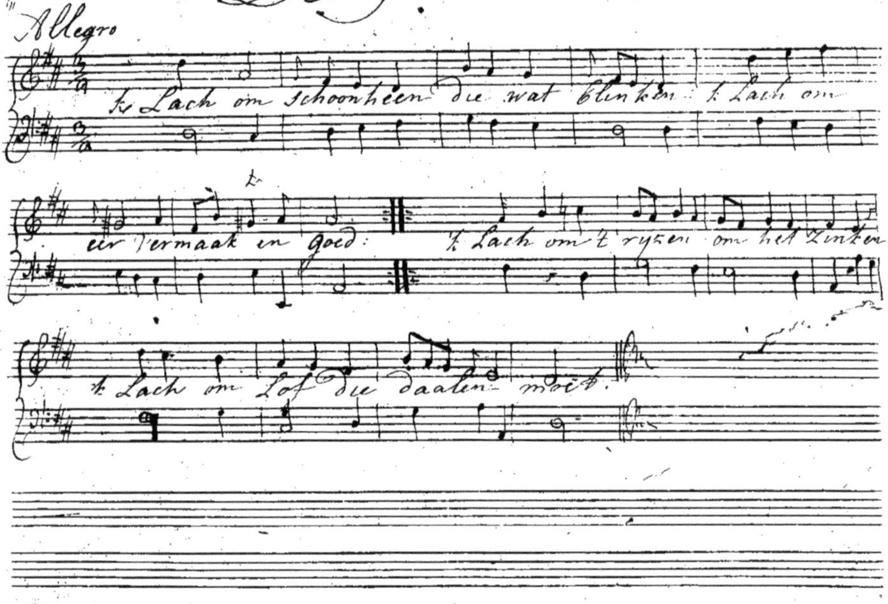

Allegro

'k Lach om schoonheen die wat blinken: 'k Lach om eer Vermaak en goed: 'k Lach om 't ryzen om het Zinken 'k Lach om Lof die daalen moet.

Immanuels Liefde

Allegro

Immanuel, myn lust myn Eer, myn Goel, God, en Broeder.
Myn Bruydegom myn opperheer, myn Vriend, myn Zielen hoeder.

Gy zyt alleen des Vaders Woord, Gy zyt de hoogste Wysheid. de

Schoonheid die de Jeugd bekoort, Het steunzel van de Grysheid.

't Geestelyk Jawoord

Duo

't Is kan ons Ooren Alleen bekooren, O Hemel chooren Wat weder ga Van Englen taalen! Wat kan er haalen. By Ephrata

Dit Ja Woord geeven doet Edens dreeven Voor ons herleeven God is verscheenen De nagt verdweenen Zingt Bethlems velden Dit Stuk der Helden o Ja o Ja.

Vermaning van 't Valsche

Gratioso

Goddelyk Vogen uit — vermoogen, trekt de Ziel van 't laag gewest
Wat heeft d'aarde lut — tel waarde By het goed van 't hemel hof

All de Schatten die men vatten Al wat ons verheffen kan:

Al vermaaken Wigt van Zaaken Zyn als kaf in 's hemels van

Marsche

Air

Treürlied

Ouverture de Dezerteur

www.ingramcontent.com/pod-product-compliance
Ingram Content Group UK Ltd.
Pitfield, Milton Keynes, MK11 3LW, UK
UKHW021546260726
13993UKWH00002B/657

9 782019 997113